L'ESPAGNE

A

L'EXPOSITION UNIVERSELLE DE 1867

APERÇU

DES NOMBREUX ET INTÉRESSANTS ENVOIS

DE LA

DIRECTION GÉNÉRALE DES TRAVAUX PUBLICS DE MADRID

PAR

CHARLES LUCAS, ARCHITECTE

Sous-Inspecteur des travaux de la Ville de Paris;
Directeur de la Biographie Universelle des Architectes Célèbres.
Secrétaire général de la Société libre des Beaux-Arts;
Membre de la Société parisienne d'Histoire et d'Archéologie;
Membre correspondant de la Société des Antiquaires de Picardie.

PARIS
CHEZ L'AUTEUR, 21 RUE CHAPTAL
1867

L'ESPAGNE

A

L'EXPOSITION UNIVERSELLE DE 1867

APERÇU

DES NOMBREUX ET INTÉRESSANTS TRAVAUX

DE LA

DIRECTION GÉNÉRALE DES TRAVAUX PUBLICS DE MADRID

Omnia vincit labor improbus.

Parmi les étonnements sans nombre que réservait, à tous les visiteurs en général et à nous Français en particulier, la grande quantité d'œuvres envoyées au palais du Champ-de-Mars, il en est peu, sans contredit, qui donnent autant à réfléchir que la remarquable exposition des œuvres de diverse nature (modèles, atlas et livres) comprises sous la désignation de TRAVAUX PUBLICS EN ESPAGNE (1).

Qui l'eût cru? La péninsule Ibérique, isolée du reste de l'Europe par les Pyrénées, — cette barrière géographique, — livrée sans cesse à des agitations

(1) Ces œuvres proviennent de la *direction générale des travaux publics* du MINISTERIO DE FOMENTO de Madrid, direction qui comprend dans ses attributions tout ce qui, en France, relève des services des *ponts et chaussées* et des *travaux maritimes*, tel que : voies de communication, canaux, aqueducs, chemins de fer, ports, phares, etc.

politiques qui, plus encore que les difficultés naturelles du sol, paralysent les efforts des administrations soucieuses de développer l'ensemble des communications et des richesses monumentales du pays ; absorbée enfin, dit-on de toutes parts, dans une incurable paresse, la péninsule Ibérique a envoyé, dans cette lutte des intelligences, de tels spécimens de son activité et de l'habileté, ainsi que de la science de ses enfants, qu'il faut non-seulement compter avec elle, mais encoré que, après la France, il faut reconnaître que, au point de vue des grands travaux publics, — si nous en devons juger par l'Exposition du Champ-de-Mars, — l'Espagne tient aujourd'hui le premier rang dans le monde entier.

Avant d'analyser rapidement ces remarquables envois, il nous faut rendre justice à la bienveillante courtoisie de MM. les Commissaires de S. M. la Reine d'Espagne (2), qui ont bien voulu nous communiquer bon nombre de ren-

(2) Cette Commission était ainsi composée :

Commissaire royal : M. le Marquis DE BEDMAR.
Vice-commissaire royal : M. le comte DE MORIANA, marquis DE CILLERUELO.
Secrétaire-général, chef du détail : M. BRAULIO ANTONIO RAMIRES.
Vice-secrétaire : M. JOSÉ DE ECHEVERRIA, Ingénieur de 1re classe des ponts et chaussées.

Commissaires nommés var ordre royal, en vertu de l'article 4 de l'instruction du 12 *septembre* 1866 (spéciaux à l'étude des travaux publics).

D. FRANCESCO-XAVIER COBOS, *professeur d'instruction primaire.*
D. MIGUEL BOSCH Y JULIA, *ingénieur des monts.*
D. PEDRO MUÑOZ Y RUBIO, *ingénieur agronome.*
D. CONSTANTINO SAEZ DE MONTOYA, *ingénieur chimiste.*
D. AGAPITO MARCO Y MARTINEZ, *ingenieur mécanicien.*
D. AMALIO MAESTRE, *ingénieur des mines.*
D. JOSÉ CASADO DEL ALISAL, *professeur de peinture.*
D. EUGENIO DE LA CAMARA, *professeur d'architecture.*
D. JOSÉ PAGNIUCCI, *professeur de sculpture.*
D. JUAN DE MATA GARCIA, *ingénieur de 1re classe des chemins, canaux et ports.*

COMMISSAIRES NOMMÉS PAR DIFFÉRENTS MINISTÈRES

Ministère du domaine

D. PABLO SANTIAGO Y PERMINON.

Ministère des travaux publics :

D. GONZALO DE SEGOVIA.
Le comte DE SANAFÉ.
D. FÉLIX CIFUENTES.
D. FÉLIX SAMPER (pour la joaillerie).

seignements que notre faible connaissance de la langue espagnole nous eût rendu presque impossibles à obtenir par nous-même, et aussi citer la NOTICE sur l'*Etat des travaux publics en Espagne* et sur la *législation spéciale qui les régit*, volume traduit de l'espagnol et mis généreusement à la disposition de tous ceux qui sont désireux de connaître sérieusement cette partie de l'Exposition.

Adoptant l'ordre suivi par la Direction des travaux publics, nous allons parcourir méthodiquement les œuvres exposées ; mais avant de le faire, il nous semble utile de transcrire quelques lignes servant d'introduction à cette Notice et qui montreront, mieux que nous ne pourrions le faire, la grande envie qu'avait le gouvernement espagnol de répondre aux intentions du gouvernement français, et d'envoyer consciencieusement, et avec une loyauté toute espagnole, au palais du Champ-de-Mars, l'état général des travaux publics en Espagne.

D. LUIS CUADRA.
D. RAMON DE LA SAGRA (pour la commission des poids et mesures et monnaies).
D. ANTONIO GISBERT (pour la peinture).
D. VINCENT PALMAROLI (pour le même objet).
D. FERNAND GUERRERO (pour l'industrie sidérurgique).
D. MARIANO SORIANO FUERTES (pour étudier les méthodes de l'enseignement musical, etc.).
D. GUILLERMO ESTEBAN BALLERAS.
D. JOSÉ CASANI Y CRON.
D. JUAN BAUTISTA PUJOL (pour étudier les instruments de musique).
D. RAMON TOÑES MURROZ DE LUNA (pour étudier les diverses applications de la chimie à l'agriculture).
D. ANTONIO ROMERO Y ANDIA (pour étudier les instruments de musique).
D. MANUEL DE LA MATA (pour le même objet).
D. RAFAEL DE MÉDINILLA (pour l'agronomie).
D. ALEJANDRO RAMIREZ DE VILLAURRUTIA.
D. PABLO GIL.
FÉLIX BAZAN, *adjoint au service des ponts et chaussées.*

Ministère des colonies :

Le comte de FERNANDINA.
Le marquis DE ALMENDARES.
D. ALVARO REINOSO (pour étudier spécialement la production organique, etc., etc.).
D. RECAREDO DE GARAY Y ANDUAGA (pour étudier les systèmes de construction et d'exploitation des chemins de fer).

(Extrait du *Catálogo general de la seccion española*, publicado por la Comision Regia de Espana. — Paris, 1867).

Nous copions donc textuellement :

Une Commission nommée par le Gouvernement de S. M. devait présenter à l'Exposition universelle de Paris un rapport complet sur l'état général des travaux publics en Espagne.

Si elle avait pu remplir le programme qu'elle s'était proposé, elle aurait donné une idée exacte de la situation de cette branche de la prospérité publique et fait ressortir, dans ce grand concours de l'intelligence, les progrès rapides réalisés pendant ce siècle par la nation espagnole.

De nombreux obstacles ont rendu la tâche de la Commission difficile et incomplète dans ses détails; nous signalerons particulièrement :

1° L'insuffisance des moyens pour l'exécution convenable des modèles de nos principaux ouvrages d'art;

2° Le manque de temps pour l'achèvement de quelques-uns d'entre eux;

3° Enfin l'époque peu favorable de l'année, qui n'a pas permis à la photographie de reproduire les vues d'un grand nombre de constructions importantes.

Toutes ces causes réunies ont obligé la Commission à réduire son cadre primitif à des proportions plus modestes.

Le programme arrêté en principe comprenait quatre parties ou groupes de travaux :

1° Un album graphique des ouvrages les plus notables;

2° Une collection de vues photographiques des mêmes ouvrages;

3° Un ensemble de types ou modèles de constructions. Parmi ces derniers, une collection complète de nos phares, composant un système varié d'éclairage maritime;

4° Un mémoire comprenant la partie la plus nécessaire de la statistique relative à nos travaux publics, et leur organisation administrative.

Comme nous l'avons déjà dit, une partie seulement de ce programme a pu être menée à bonne fin, et ce que présente aujourd'hui la Direction des travaux publics à l'Exposition de Paris n'est qu'un faible aperçu de ce qu'elle aurait envoyé, si elle eût rencontré moins d'obstacles.

Un grand nombre de constructions, d'une importance réelle, ne figurent ni parmi les plans, ni parmi les vues photographiques, ni enfin parmi les modèles.

En outre, le rapport qui aurait dû fournir des explications détaillées, et suppléer en quelque sorte aux lacunes signalées plus haut, a dû être réduit à une légère esquisse.

Nous regrettons de nouveau que les difficultés contre lesquelles la Commission a dû lutter, aient stérilisé ses efforts, car placée dans de meilleures conditions, elle aurait certainement obtenu de très-brillants résultats.

On le voit par ce qui précède, et nous l'affirmons, après avoir lu cette *Notice* et pris connaissance de l'Exposition espagnole, *cecy est une œuvre de bonne foi*, comme disait notre moraliste Montaigne, et rien n'y décèle la *hâblerie* proverbiale du peuple auquel nous devons, entre autres inspirations, *le Cid* de notre grand Corneille.

Copions encore, car il y a souvent grand profit à tirer des aveux d'autrui, et, donnant acte à l'Espagne de ce que sa *régénération scientifique remonte seulement à trente annees*, lisons et méditons ceci :

A différentes époques, les ressources que l'Administration a pu consacrer, soit aux travaux nouveaux, soit à l'entretien de ceux existants déjà, ont été insuffisantes.

Et plus loin :

Nous l'avons déjà dit plus haut, et pouvons le répéter ici, car reconnaître ses erreurs, c'est être bien près de les rectifier : une négligence lamentable avait été apportée dans l'étude des sciences mathématiques et physiques depuis le XVe siècle jusqu'au commencement de celui-ci. Ce défaut a été corrigé par la création de l'École des ponts et chaussées et par celles de diverses autres écoles ou centres scientifiques, tant civils que militaires, qui ont permis d'initier la génération actuelle à l'étude de connaissances aussi importantes.

Grande encore est la distance qui nous sépare du but auquel nous aspirons.

Nous terminerons ces citations par une dernière, qui, nous l'espérons, ralliera toutes les sympathies. Nous voulons, avec la même notice, citer spécialement comme travaux dignes d'être étudiés, et, nous ne craignons pas d'ajouter, comme marquant l'état actuel de la science :

1° Le canal d'Isabelle II pour l'approvisionnement des eaux de Madrid ; c'est un ouvrage d'un grand mérite et très-digne d'étude;

2° La distribution d'eau de ce canal et les égouts, qui sont de véritables modèles dans leur genre ;

3° Le canal d'Urgel, qui ne doit pas non plus être oublié.

Tous ces travaux ont été projetés et dirigés par des ingénieurs espagnols.

I

Abordons brièvement l'organisation générale du service des travaux publics. Même en faisant abstraction de toute vanité nationale, nous devons le déclarer ici, le service des Ponts et Chaussées de notre *Ministère français des Travaux publics*, et la Direction des travaux d'architecture et des beaux-arts de la *Préfecture de la Seine*, laissent bien peu à désirer sous le double point de vue d'une excellente administration et d'un ensemble de capacités vraiment hors ligne ; aussi, rendu difficile par le spectacle de ce qu'offre la France en pareille matière, l'éloge dans notre bouche doit être rare autant que précieux, et nous ne pouvons en trouver d'autre à faire à l'*organisation générale du service des travaux publics espagnols*, que de vanter sa grande ressemblance avec les services analogues de notre administration française, et, nous épargnant ici une description entière qui deviendrait oiseuse, nous nous bornerons à signaler quelques points peu importants qui nous paraissent devoir être l'objet de petites observations.

Une instruction royale du 10 octobre 1845, dans son article 1er, considère, comme travaux publics, aux termes de la législation existante, *toutes les constructions qui s'exécutent dans un but de nécessité ou d'utilité publique*, et les classe en cinq groupes :

1° Les routes publiques ordinaires ;

2° Les chemins de fer ;

3° Les ports marchands et leurs quais, phares, bouées, etc.

4° Les canaux de navigation et d'irrigation, de flottage des rivières, de drainage et d'assainissement ;

5° Les constructions civiles, telles que tribunaux, prisons, casernes, hôpitaux, écoles, bibliothèques, théâtres, etc., etc.

Le contrôle de l'État sur les travaux publics et les divers modes de concession, d'adjudication, de construction sur série de prix ou en régie, de cahier des charges, de paiement et même d'expropriation, se rapprochent essentiellement du système en vigueur en France. Notons cependant un *cas de résiliation de contrat* admis en Espagne, et qui affirme une grande loyauté administrative légale dont la France a offert, depuis quelques années, nombre d'exemples, mais, croyons-nous, plutôt à l'état de tolérance que de droit strict. Nous voulons parler du cas ainsi formulé :

La résiliation a lieu quand, dans le cours de l'exécution des travaux, *les prix-types augmentent d'une manière notable.*

Mentionnons aussi, en fait d'expropriation, ces garanties données à l'exproprié, garanties qui, pour n'être pas les mêmes que celles offertes par nos jurys français d'expropriation, nous paraissent cependant atteindre au même but d'équité par une voie différente :

La nécessité étant prouvée d'occuper tout ou partie d'une propriété, il est procédé à l'estimation de sa valeur, ainsi qu'à celle du préjudice causé au propriétaire par l'expropriation. Cette estimation est faite par deux experts nommés respectivement par les parties. En cas de désaccord des deux premiers, un troisième expert sera nommé par les parties intéressées, si elles peuvent s'accorder sur le choix à faire, ou par le juge de première instance dans le cas contraire.

Avant la prise de possession, le prix intégral de l'estimation doit être payé à l'intéressé, ou déposé à la Caisse des dépôts et consignations, s'il y avait réclamation de tiers pour cause d'amphythéose, servitude, etc. Lorsque les travaux qui ont donné lieu à l'expropriation ne s'exécutent pas, et si le Gouvernement ou l'entrepreneur juge à propos de vendre tout ou partie d'un terrain exproprié, l'ancien possesseur aura la préférence sur tout autre acheteur à prix égal.

Nous croirions manquer à tout sentiment de justice en ne donnant pas ici la composition puissante du remarquable *corps des ingénieurs des Ponts et Chaussées* chargé de tout ce qui est relatif aux chemins, canaux et ponts.

Créé en 1835, ce corps est ainsi composé :

5	inspecteurs généraux de	1re	classe.
15	— —	2e	—
30	ingénieurs en chef	1re	—
50	— —	2e	—
80	ingénieurs ordinaires	1re	—
120	— —	2e	—
15	élèves ingénieurs	1re	—
25	— —	2e	—

et relève de son Conseil supérieur formé par les inspecteurs généraux et présidé par le ministre des travaux publics, ou, en cas d'empêchement, par le directeur général des travaux publics.

Des agents subalternes, *conducteurs* ou *piqueurs,* mis à la disposition des ingénieurs en chef, complètent en Espagne l'organisation de ce service.

L'*Ecole spéciale des ponts et chaussées,* définitivement fondée en 1834, est la pépinière qui alimente ce *corps des ingénieurs du Gouvernement.* Les élèves y entrent, après examens et munis du diplôme de *bachelier ès-sciences* (en espagnol, *en artes*), et, pendant six années, y apprennent à peu près tout ce qui constitue l'enseignement donné par nos *Ecoles Impériale centrale des arts et manufactures, Polytechnique, Impériale des ponts et chaussées* et *Impériale des mines.*

Les futurs ingénieurs espagnols doivent de plus posséder à fond les *langues française* et *anglaise,* ce qu'ont prouvé à cette dernière Exposition nombre de délégués madrilènes, et le *dessin de paysage,* dont les modèles de la *direction générale des travaux publics d'Espagne* montrent une certaine entente. Enfin, leur éducation est terminée par l'étude de l'*économie politique* et du *droit administratif,* ainsi que par ce que le programme appelle *la partie pratique des études,* qui consiste en excursions aux travaux les plus importants, tant en province qu'à l'étranger.

On le voit, une bonne instruction et une forte organisation étant le point de départ de toute supériorité, avant peu d'années, en marchant à coup sûr dans la voie que lui tracent des améliorations déjà réalisées, l'Espagne n'aura plus rien à envier, sous le rapport des *travaux publics,* aux nations les plus favorisées de l'ancien et du nouveau monde, ce monde qu'elle découvrit un jour, et qui, aujourd'hui, animé d'une généreuse émulation, marche à son tour, à pas de géant, dans la voie du progrès.

II

Nous nous étendrons peu sur l'organisation administrative des routes, des chemins de fer et du service maritime de l'Espagne, comprenant les ports, les phares, le balisage. La législation et les travaux relatifs à l'emploi des eaux nous occuperont encore moins. A peine avons-nous l'intention de signaler ici quelques chiffres mettant en lumière, mieux que toute description ne le pourrait faire, la grande activité qui règne en Espagne dans ces diverses branches de travaux, et les difficultés sans nombre opposées par un sol encore bien souvent primitif et toujours pittoresque, mais dans lequel il est presque impossible à l'homme, même armé des dernières découvertes de la science moderne, de se frayer un passage.

Ainsi des tranchées de *vingt* à *cinquante-sept mètres*, et atteignant, comme à Gorgorach, une longueur de *trois cents mètres*, s'échelonnent le long de la route de *Grenade à Motril*. Sur cette même route, le tunnel d'*Izbol* est taillé dans le roc sur un parcours de *trois cents mètres*. Les ponts y servent à franchir de véritables abîmes.

La route de *las Cabrillas*, route bien digne de son nom, donne une idée de ces luttes dans lesquelles le génie de l'homme a triomphé de la nature.

Le vallon au fond duquel coule la rivière nommée le Cabriel, a *deux cent soixante-treize mètres* de profondeur et une très-petite largeur, de sorte qu'il a fallu descendre par quatre lacets sur chacun de ses versants, et établir, pour traverser le lit du Cabriel, un magnifique pont de plus de *vingt-huit mètres* de hauteur, formé de sept arches; celles du centre ont plus de *seize mètres* d'ouverture, et les arches latérales, un peu plus de *huit*. Le site dont nous venons de parler est extrêmement pittoresque, et se trouve à *mille mètres* au-dessus du niveau de la mer.

Au nombre des ouvrages remarquables, on peut également citer le pont du *Jucar*, de *vingt-deux mètres* d'ouverture et de *trois mètres soixante centimètres* de flèche. Ce pont, tout en pierre de taille, est fondé sur pilotis.

Et il ne faut pas croire que nous relations ici un cas particulier : nombre de routes espagnoles, presque toutes de création récente, (car elles remontent à peine à trente années), sont dans des conditions analogues. Partout des ravins à franchir, des montagnes à percer, des tranchées à ouvrir, des ponts en fer, en pierre ou même en bois, à jeter entre des points souvent très-distants; enfin des murs de soutènement atteignant quelquefois de *dix* à *vingt mètres* de hauteur dans une longueur de plus de *six kilomètres*, comme à la descente de *Bilbey* sur la route de *Ponferrada à Oreuse*.

Sous le rapport des ponts en fer et surtout des ponts suspendus, il nous faut encore louer la science et la hardiesse des ingénieurs espagnols. Les documents fournis par les nombreux recueils exposés à Paris (véritables annales du génie scientifique de l'Espagne), sont toute une révélation. Ajoutons que, forts de leur propre valeur, sachant qu'ils font beaucoup déjà en mettant l'Espagne au rang qu'elle doit occuper en Europe, MM. les ingénieurs de la *Direction générale des travaux publics de Madrid* n'ont pas craint, chose rare entre toutes, même à l'Exposition de 1867, de faire connaître, et les œuvres françaises et étrangères qui les ont pu inspirer, et aussi la provenance quelquefois étrangère (particulièrement anglaise pour les fers et fontes) des matériaux qu'ils ont employés. De tels exemples de bonne foi méritent la mention spéciale que nous sommes heureux d'en faire ici.

Les deux ponts en fer les plus remarquables sont le *pont de Prado*, à Valladolid, sur le Pisuerga, et le *pont de Grado*, sur le Cinca, province de Huesca, route de Benasque. Chacun de ces ponts a une seule travée de *soixante-huit mètres* d'ouverture, et celui de *Grado* est des plus élégants comme forme. Son arche, en fer laminé, système Oudry et Cadiat (pont d'Arcole), est représentée au palais du Champ-de-Mars, par un modèle, à 0,02 centimètres pour mètre.

fort bien exécuté, qui ne laisse rien à désirer pour l'étude et dont nous croyons devoir rappeler ici une description sommaire :

Ce modèle représente le pont construit sur le Cinca, province de Huesca, pour livrer passage à la route de *troisième* classe de Barbastro à la frontière de France. Cet ouvrage se compose d'une arche de *soixante-dix mètres* d'ouverture et de *sept mètres cinquante centimètres* de flèche ; ce pont a *sept mètres* de large entre tympans et une hauteur de *trente-deux mètres cinquante centimètres* de la chaussée au plus profond du lit de la rivière. Les *quatre* fermes de l'arche, les tympans et les contreventements sont en fer forgé ; les culées sont en pierre de taille et en moëllon de parement.

Toute la construction a coûté TROIS CENT TROIS MILLE QUATRE CENT SOIXANTE-DOUZE FRANCS environ.

Ce n'est pas sans intention que nous faisons ici ressortir ce chiffre de *trois cent trois mille quatre cent soixante-douze francs*, si minime en considération des travaux de maçonnerie très-considérables qu'il a fallu faire pour l'établissement des culées.

Dans les *ponts suspendus*, celui de *Saint-Alexandre* (une seule travée en fil de fer de *cent deux mètres* d'ouverture) et celui de *las Cellas*, province de Huesca (une travée aussi, mais seulement de *quatre-vingt treize mètres* d'ouverture), sont également dignes d'un sérieux examen.

Il en est de même des ponts en pierre dont un des plus remarquables, le *pont de Huechar*, route de las Correderas à Almeria, a *trente mètres* de hauteur. Il est formé de *cinq* arches en plein cintre et en maçonnerie de briques, de *quatorze mètres* d'ouverture chacune.

Le *pont sur l'Onar*, province de Gironne, est aussi en briques ; mais son arche unique surbaissée a *vingt mètres* d'ouverture sur seulement *un mètre trente centimètres de flèche ;* là est un exemple d'audace et de talent tout à la fois, qui prouve en faveur de la jeune mais vaillante école des ingénieurs espagnols.

Terminons par un dernier pont, celui de *Lumbreras*, sur le Iregua, province de Logrono ; les trois arches de ce pont ont chacune *dix mètres* d'ouverture, sont en forme d'anse de panier, et leur construction est une heureuse application du béton hydraulique.

III

Les chemins de fer espagnols sont aussi, surtout depuis cinq années, dans une phase de développement très-sensible et nécessitent, plus encore que tout autre mode de communication, des travaux d'art intéressants. Leur organisation est tout au long décrite avec la plus grande conscience dans les documents envoyés à l'Exposition, et, voyageur nous-même, nous sommes heureux d'y lire ce paragraphe consolant :

> Au point de vue de la sécurité des voyageurs, les résultats sont aussi satisfaisants qu'on peut le désirer. La preuve en est dans la comparaison du chiffre des accidents arrivés en Espagne, avec celui de ceux qui ont eu lieu dans d'autres pays. Ces résultats sont dûs, en grande partie, à la série de mesures prises par le Gouvernement, tant en ce qui concerne la législation et les ordonnances ci-dessus indiquées, que la surveillance active qu'il exerce sur les Compagnies.

Le tableau suivant montre la grande extension des voies ferrées espagnoles en donnant la longueur exploitée de 1861 à 1866 :

Année	1861. . .	2,119	kilomètres.
—	1862. . .	2,527	—
—	1863. . .	3,154	—
—	1864. . .	3,782	—
—	1865. . .	4,424	—
—	1866. . .	4,909	—

Pour leur organisation (personnel et administration générale), elle est en grande partie copiée sur l'organisation française. Il ne nous reste donc qu'à parcourir les beaux albums envoyés au Champ-de-Mars, dans lesquels se trouvent, dessinés à la même échelle ou représentés photographiquement, les plus importants travaux d'art exécutés depuis peu sur les voies ferrées espagnoles.

La ligne de *Madrid à Saragosse* est, on le sait, une des plus importantes de l'Espagne, et son établissement a donné lieu à beaucoup d'ouvrages d'art (leur nombre s'élève à *mille trente et un*) assez intéressants, parmi lesquels se trouvent des ponts à travées métalliques, dont quelques-unes atteignent *cinquante mètres* d'ouverture. Le tunnel de *Horna,* dans la traversée de Baides à Arcos, n'a pas moins de *mille dix mètres* de longueur, et, malgré les accidents du terrain, la pente supérieure de la section qui nous occupe n'a pas dépassé 0,0155, et le rayon des courbes de raccordement n'est pas descendu au-dessous de *trois cent quatre-vingt mètres*, et encore sur une courte longueur.

La rencontre de terrains mouvants et de terrains de glissement, de gorges déchirées à différentes hauteurs entre des plateaux et des chaînes de montagnes abruptes, enfin, dans quelques parties, de roches granitiques, ont rendu des plus difficiles le tracé de la ligne de *Manzanarès à Cordoue*. Rien de saisissant, au reste, comme les vues photographiques des chantiers établis par la Compagnie, vues qui donnent une idée assez exacte des difficultés presque insurmontables rencontrées dans l'exécution des travaux.

Parmi les ponts métalliques jetés pour le passage de cette ligne, les plus importants sont celui du *Guarrizas,* à *trois* travées ayant ensemble plus de *cent trente mètres*, et ceux construits sur le Guadalquivir, à *Mengibar* et à *Alcolea;* ils ont chacun plus de *deux cents mètres* de longueur et *cinq* arches variant entre *trente-cinq* et *quarante-cinq mètres* d'ouverture. Cette ligne offre aussi un tunnel d'un parcours de plus de *mille mètres*.

Celle d'*Albacète à Carthagène* a nécessité de grands travaux dans la petite section d'Agramon à Calasparra, entre autres le tunnel des *Almadenes,* longeant en partie la gorge du même nom et dont la longueur est de *mille cinquante-six mètres*. Dans la même section de *dix-huit kilomètres* de longueur, se rencontrent *cinq* autres tunnels ayant ensemble *quatorze cent quarante-neuf mètres*.

N'oublions pas, sur la même ligne, un pont sur la *Segura*, formé de *deux* travées en fer de *cinquante mètres* d'ouverture.

Le chemin de fer, aujourd'hui international, de *Madrid à Irun* serait à décrire entièrement pour la section qui s'étend depuis l'Escurial jusqu'à Avila, et qui passe au milieu de terrains granitiques.

Nous ne pouvons malheureusement que mentionner ici près de *cinq mille mètres* de tunnels et dire qu'il a fallu construire des viaducs en maçonnerie dont les arches ont jusqu'à *quinze mètres* d'ouverture avec une hauteur sous clef atteignant parfois *quarante mètres*. En outre, la traversée du *Guadarrama* a dû s'effectuer à *treize cent cinquante-neuf mètres* au-dessus du niveau de la mer, hauteur à laquelle n'atteint probablement aucune autre voie ferrée européenne.

La section entre *Otzaürte et Béasain* renferme plus de *dix kilomètres* de tunnels et un viaduc de *cinq* travées métalliques dont *une* de *soixante mètres* de longueur et plus de *trente-et-un mètres* de hauteur ; en outre, le même viaduc, ouvrage véritablement merveilleux, comprend *neuf* arches en maçonnerie de *douze* à *seize mètres* d'ouverture.

Les ponts sur le *Guadalete* et la rivière *San Pedro* sont à noter dans la ligne de *Séville à Xérès, par Cadix* : tous deux, en fil de fer, ont des travées de *quarante mètres* d'ouverture.

Pour celle de *Palencia à Astorga*, les albums de l'Exposition nous donnent le *pont de l'Esla* formé de *neuf travées* métalliques donnant ensemble une longueur de *trois cents mètres*.

Les *onze* travées métalliques du pont sur le *Guadiana*, dans la ligne de *Ciudad Real à Badajoz*, n'ont pas moins ensemble de *cinq cent trente-cinq mètres* et s'appuient sur des culées en maçonnerie d'un beau travail.

Le chemin de *Tudela à Bilbao* offre une particularité curieuse qui rappelle les anciennes légendes assyriennes. Il a fallu, dans un endroit où l'Èbre baigne le pied d'un contrefort gypseux presque à pic, de *cent mètres* de haut, dévier le bras principal du fleuve et établir la voie dans son ancien lit.

Notre regretté fondateur de l'*Association polytechnique*, M. Perdonnet, a donné la description de cet important travail dans un livre consulté avec fruit par les ingénieurs de tous les pays; nous voulons parler ici de son *Traité élémentaire des chemins de fer* (1).

Nous arrêterons ici ces indications, qui nous ont paru indispensables, des principales difficultés qu'ont eu à vaincre les constructeurs des chemins de fer espagnols, quoique nous aurions encore beaucoup à mentionner pour rendre à ces éminents travailleurs la justice qui leur est due; cependant nous devons, en réponse à quelques injustes attaques auxquelles ils ont été en butte au sujet de l'*inclinaison de la voie* et des *rayons des courbes*, rappeler que, pour ces dernières, l'administration espagnole n'a fixé *aucune limite générale*, et que, pour le chemin de fer des mines de *Buitron à San Juan del Puerto*, elle a adopté des plans inclinés avec une pente de *quatre centimètres par mètre* pour une voie qui n'a que *un mètre soixante-sept centimètres* de large.

(1) Paris, 1865, quatre fort volumes grand in-8°, chez Garnier frères.

IV

Nous arrivons à une des parties qui ont le plus vivement intéressé les visiteurs et surtout les constructeurs : c'est celle des phares, dont un remarquable modèle, celui du *phare de l'île de Buda,* est un des points les plus dignes d'étude de l'exposition espagnole.

Des droits intelligemment établis, un service de sauvetage aujourd'hui en parfait état et surtout l'abolition de tout privilége relatif aux manœuvres de charge et de décharge ont rendu, depuis quelques années, l'accès des ports espagnols des plus facile aux navigateurs. En outre, *une Commission des phares,* créée en 1842 et composée d'ingénieurs spéciaux et d'officiers de marine a pris, depuis l'établissement d'un plan général approuvé par décret royal du 25 septembre 1847, toutes les dispositions organiques et pratiques nécessaires à l'éclairage et au balisage maritime de l'Espagne, des îles Baléares, des îles Canaries et des côtes d'Afrique.

Deux écoles de *gardes des phares* (torreros de faros) distribuent un enseignement spécial, et leurs élèves deviennent ainsi, pour les ingénieurs des ports et canaux, des aides précieux d'une capacité prouvée déjà en de nombreuses occasions et telle que, aujourd'hui, les bouées, les balises et les appareils de sauvetage, tant en bois qu'en fer, sont construits ou réparés dans des établissements et dépôts nationaux, et que, de ce côté encore, l'Espagne n'est plus, qu'à de rares exceptions près, tributaire de l'industrie française ou anglaise.

Un envoi des plus intéressants, se rattachant à la nature des travaux qui nous occupe, est celui d'un album publié par la *Société du Crédit valencien* chargée de l'achèvement du port de Valence, album qui donne, sur cette opération, tous les renseignements nécessaires à l'exécution et à la comptabilité des travaux dont la dépense totale, malgré le bas prix de la main-d'œuvre en Espagne, dépassera la somme de *treize millions de francs*.

Les travaux à exécuter pour l'amélioration du port de Barcelone, port appelé à un si grand avenir par l'ouverture de l'isthme de Suez, ne s'élèveront pas à moins de *douze millions de francs* environ, et, comme détail de maçonnerie en cours d'exécution, le quai aura un mur de revêtement formé de blocs artificiels de béton hydraulique disposés en mosaïque et mesurant chacun *huit mètres cubes*. On ne peut nier qu'un pareil *opus incertum* n'ait été inconnu à l'antiquité romaine dont on nous rappelle un peu trop souvent, il faut l'avouer, les merveilles de construction.

Un seul mot sur le port de refuge de *Musel*, sur la côte des Asturies; il faut consulter, au sujet des travaux qui y sont en cours d'exécution, les documents envoyés à l'Exposition, et qui montrent la lutte incessante des ingénieurs espagnols contre les vagues furieuses de la mer Cantabrique (golfe de Gascogne).

En dehors de divers feux provisoires établis dans les ports, les phares espagnols en activité sont au nombre de *cent soixante* de diverses classes, et dont la hauteur du foyer lumineux varie entre *vingt-cinq* et *soixante et un mètres*. Tous sont construits en maçonnerie, à l'exception de ceux de la pointe de *Fangar*, de la pointe de *Baña* et de l'*île de Buda*, à l'embranchement de l'Èbre; dans ces trois phares, les appareils d'éclairage sont placés sur des tours en fer, fondées sur pilotis (système Mitchel).

Un phare provisoire était placé à *Alicante*, et consistait en un échafaudage en forme de tronc de pyramide quadrangulaire en bois de *trente-trois mètres* de hauteur, composé de montants inclinés reliés et maintenus par des croix de Saint-André et des traverses horizontales. Un modèle, à l'échelle de 0,02c pour mètre de ce phare en bois, est à l'Exposition et s'y recommande par l'heureuse entente de la construction autant que par sa bonne exécution.

Mais ce qui donne la plus haute idée des envois de la *Direction géné-*

rale des travaux publics de Madrid, est le *modèle, à l'échelle de* 0,02, du *phare de l'île de Buda, à l'embouchure de l'Èbre*, dont nous avons parlé et qui mérite une description spéciale.

Ce phare est le plus grand des trois appareils en fer qui ont été construits à l'embouchure de l'Èbre, dans la province de Tarragone. Sa hauteur, du foyer lumineux aux enrochements qui entourent les pilotis sur lesquels il est construit et qui constituent un socle général, est de *cinquante-trois mètres*. Comme on peut le voir sur le modèle, toute la tour est en fer, elle est fondée sur des pilotis du système Mitchel, et, détail qui a son importance, la dépense totale de ce phare et des deux autres appareils cités plus haut, ne s'est élevée qu'à *cinq cent soixante-quinze mille francs* environ. L'appareil de deuxième classe, avec feu tournant blanc et à scintillement de minute en minute, est porté sur une tour construite en fer à cornière et tôle, divisé en *onze travées* dans la hauteur, et renfermant un escalier en fer éclairé par des croisées indiquant le mouvement de la montée. Une charpente extérieure, sur un plan octogonal, également en fer à cornière et tôle, forme huit puissants contreforts reliés par des aiguilles en fer d'une disposition très-ingénieuse, et dont les unes, en croix de Saint-André, maintiennent l'écartement de ces sortes d'arêtiers, et les autres servent d'arcs-boutants reliant la tour centrale à ses contreforts.

Dans la hauteur du troisième étage, est une construction en forme de pyramide renversée éclairé par des œils-de-bœuf, et qui relie à un axe central le système de charpente extérieure.

Au-dessus, un étage suivant l'inclinaison de cette charpente, est en tôle cannelée et est éclairée par *sept* croisées en arcade vitrée et une porte de même forme donnant sur un escalier en fer, extérieur, à double perron et descendant sur le quai. Un balcon en encorbellement, porté par la saillie des solives et par des consoles au droit de chacune des *huit* fermes, offre dans ce phare, comme dans nombre d'autres élevés en Espagne, une disposition très-commode pour le service personnel des employés, pour lesquels il est un lieu de repos et de distraction.

Le cinquième étage rachète, par une coupole cintrée, la différence de dimensions de l'étage précédent et du sixième qui n'est, comme les suivants, qu'une simple travée de la tour centrale.

Cette coupole en retraite est reliée aux arêtiers contre-forts par un système de trois arcs-boutants, dont deux renversés sont adossés sur le troisième qui est l'arête même de la coupole, et dont l'écartement est maintenu par un cercle établi en tôle et cornière ainsi que le reste de cette armature. Ces dispositions originales paraissent assurer à l'édifice une grande stabilité et sont elles-mêmes d'une grande légèreté.

Les dernières travées n'offrent aucun détail particulier et sont couronnés par un balcon saillant supporté par des doubles consoles terminant les arêtiers.

La lanterne vitrée en coupole est munie de boule, de girouette et paratonerre suivant l'usage onsacré.

Le modèle de phare que nous venons de décrire est d'une exécution parfaite et nous pensons qu'on nous pardonnera de passer sous silence les œuvres de moindre importance qui l'accompagnent.

Ajoutons que le phare, dont nous avons essayé de faire comprendre l'aménagement général, étant de ceux qui servent de *types*, non-seulement dans le pays qui les a conçus et élevés, mais encore dans tout le monde savant; *la Direction générale des travaux publics de Madrid* ne pouvait, en raison de cet envoi et de ceux que nous avons décrits ou mentionnés plus haut, que se trouver mise *hors de concours*, dans cette lutte où elle apportait des chances de victoire telles que notre *Ministère des travaux publics français* seul l'emporte sur elle par le nombre et l'importance des œuvres exposées.

Des chiffres diront seulement ici l'importance des réservoirs du canal d'Isabelle II, d'où partira l'eau destinée à l'alimentation de toutes les parties de Madrid et qui s'élèvera jusqu'aux étages les plus élevés des maisons.

Le premier de ces réservoirs a *cent vingt-cinq mètres* de long, *quatre-vingt-six* de large, *neuf* de haut, et contient *cinquante-neuf mille mètres cubes* d'eau.

Le second, encore en construction, aura *deux cent vingt-cinq mètres* de long, *cent cinquante* de large, *neuf* de haut et contiendra *cent soixante-dix-sept mille mètres cubes* d'eau.

L'ensemble des travaux du canal, d'une longueur de *soixante-seize kilomètres*, coûtera e viron *cinquante-huit millions de francs*.

De tels chiffres se passent de commentaire et plaident plus éloquemment que tout autre argument en faveur du *réveil d'un peuple* et de la grande activité autant que de la science dépensées dans ses travaux publics.

Aussi nous arrêtons-nous sur cette dernière œuvre véritablement gigantesque et, regrettant que l'Exposition espagnole soit aussi incomplète pour tout ce qui concerne les *constructions civiles* proprement dites, nous donnerons acte à la *Direction des travaux publics* des remarquables travaux d'agrandissement, d'amélioration et d'embellissement projetés et en partie accomplis par elle dans les villes de Madrid, de Barcelone et de Bilbao, regrettant surtout de n'avoir pu citer les noms des ingénieurs qui ont contribué à cette véritable *Renaissance* de *l'art monumental* en Espagne.

Comme on le voit par ce qui précède, le royaume d'Isabelle-la-Catholique et de Charles-le-Quint est toujours une terre féconde qui a pu s'endormir trop longtemps peut-être sur sa gloire passée, mais qui a grande hâte de reprendre son importance et sa place dans le mouvement universel des arts et des sciences.

Pour nous, désireux de faire partager à nos compatriotes notre admiration sincère, nous n'avons qu'une ambition, celle d'avoir signalé à la France les efforts d'une nation voisine, alliée et amie qui doit être fière, au point de vue monumental, de posséder sur son sol de magnifiques souvenirs de la civilisation romaine, à côté des riches palais élevés par les Arabes et des splendides cathédrales dues à la foi chrétienne.

Comme noblesse de tels souvenirs, obligent, et l'Espagne, si célèbre par son passé architectural, a droit à attendre plus encore de l'avenir !

Charles LUCAS.

PARIS. — IMP. WIESENER ET Cie, RUE DELABORDE, 17

DU MÊME AUTEUR :

SOUVENIRS D'AMIENS (1re et 2me séries). *Etudes Littéraires et Archéologiques* faites dans cette ville, à l'occasion de la XXXIIIe Session du *Congrès Scientifique de France*.

EN COURS DE PUBLICATION. — *Biographie universelle des Architectes Célèbres*, par FEU ALEXANDRE DU BOIS et CHARLES LUCAS (3 à 5 Volumes in-8°) avec portraits et vues de monuments à l'eau-forte.

www.ingramcontent.com/pod-product-compliance
Ingram Content Group UK Ltd.
Pitfield, Milton Keynes, MK11 3LW, UK
UKHW012133240726
13965UKWH00005B/2146

9 782013 573627